# New York Tableaux

# Also by
# Valentí Gómez-Oliver

## POETRY

*Set Turons*, 1985 (bibliophile, with R. Herreros)

*Selva Endins*, 1993, Empúries (with prologue by Miquel Batllori and epilogue by Pere Gimferrer)

*Locus Naked* (Dialogue between Rome and New York: poetic texts in Spanish by Marga Clark and in Catalan by V.G.i O.), 1996

*XLIX Sonets d'amor (i contracant amorós)*, 1997, Edicions 62-Empúries (2a);

Set Planetes, 1997 (bibliophile, with Albert Ràfols-Casmada)

*La realitat poètica* (Un any voltant pel món) / La realidad poética (Un año alrededor del mundo), 2000, Empúries

*Or verd*, 2005, Empúries

*Retaule de Nova York,* 2017, Ara Llibres

*Retablo de Nueva York* (bilingual edition, Catalan/Spanish) Huerga y Fierro editores, 2017

*Quadro di New York*, (bilingual edition, Catalan/Italian) LietoColle editore, 2019

## PROSE

*Roma*, 1986 (Colección: "Las Ciudades"), Destino (3a)

*The Eye of the Pharaoh* (with Boris de Rachewiltz, original written in Italian), 1991, Newton Compton; translated into Spanish: El Ojo del Faraón, 1993, (3a) Edhasa, 1994, Círculo de Lectores; Salvat; Plaza & Janés; in Catalan: L'Ull del Faraó, Empúries, 1993, (2a), in Danish, German, Portuguese, Japanese, among other languages

*Roma*, paseos por la eternidad, Apóstrofe, 2001, 2002 (2reed.), 2004 (3a)

# New York Tableaux

## Poems & Art by Valentí Gómez-Oliver

### Bilingual Edition

Translated from the Catalan by Keith & Amanda Adams

PINYON PUBLISHING
Montrose, Colorado

All rights reserved. Except as permitted under the U.S. Copyright Act of 1976, no part of this publication may be reproduced, distributed, or transmitted in any form or by any means, or stored in a database or retrieval system, without the prior written permission of the publisher, except for brief quotations in articles, books, and reviews.

Original Work, *Retaule de Nova York,* Copyright © by Valentí Gómez-Oliver, First published by Ara Llibres, 2017

Translation Copyright © 2021 by Keith and Amanda Adams

Cover and Interior Art Copyright © by Valentí Gómez-Oliver

Photograph of Valentí Gómez-Oliver by Vicens Giménez

First Edition: July 2021

Pinyon Publishing
23847 V66 Trail, Montrose, CO 81403
www.pinyon-publishing.com

Library of Congress Control Number: 2021939068
ISBN: 978-1-936671-78-6

Immigrants arriving, fifteen or twenty thousand in a week,

—Walt Whitman, *Mannahatta*

What hurrying human tides, or day or night!

—Walt Whitman, *Broadway*

Others will enter the gates of the ferry and cross from shore to shore,

—Walt Whitman, *Crossing Brooklyn Ferry*

La aurora de Nueva York gime
por las inmensas escaleras
buscando entre las aristas
nardos de angustia dibujada.

—Federico García Lorca, "La Aurora," *Poeta en Nueva York*


ha de gritar con voz tan desgarrada
hasta que las ciudades tiemblen como niñas
y rompan las prisiones del aceite y la música,
porque queremos el pan nuestro de cada día,
flor de aliso y perenne ternura desgranada,
porque queremos que se cumpla la voluntad de la Tierra
que da sus frutos para todos.

—Federico García Lorca, "Grito hacia Roma," *Poeta en Nueva York*

Under thy shadow by the piers I waited;
Only in darkness in thy shadow clear.
The City's fiery parcels all undone,
Already snow submerges an iron year …

—Hart Crane, *To Brooklyn Bridge*


and coming out of the brownstone house
to the gray sidewalk, the watered street,
one side of the buildings rises with the sun
like a glistening field of wheat.

—Elizabeth Bishop, *Letter to N.Y.*


sexualidad cansada locura desalmada  virgen
eclipsada televisión sagrada éxtasis fabricado
asesinos despiadados *homeless*  organizados
estudiantes concienciados Harlem *crackeado*
Park   Avenue   uniformado   Wall   Street
circuncidado  capital  endemoniado  edificios …

—Marga Clark, "Manhattan: Olimpus y Hades," *Locus Naked*

… la característica que Nova York produeix d'entrada és la de la seva fabulosa abundància. Nova York, entrevist a penes, a través de les seves tendes i dels seus automòbils, és l'espectacle d'abundància més gran, probablement, de la història humana.

—Josep Pla, *Weekend (d'estiu) a Nova York*

El vaixell arriba a Amèrica.
En tropell, els emigrants
Baixen per la passarel·la.
Ja s'enyoren. Ja n'hi ha
que voldrien fer-se enrera.

—Miquel Bauçà, *El canvi*

The characteristic that New York produces from the start is its fabulous abundance. New York, barely interviewed through its shops and cars, is probably the greatest spectacle of abundance in human history.

—Josep Pla, *Weekend (d'estiu) a Nova York*
(Summer's Weekend In New York)

The ship arrives in America.

In droves, the emigrants

They go down the catwalk.

They already miss you.

they would want to back off.

—Miquel Bauçà, *El canvi* (The change)

# Contents

*Foreword* 1

I. SKYLINES  5

II. ARM IN ARM WITH ART  25

III. BRONX  31

IV. I LIKE YOUR SHIRT  39

V. QUEENS  51

VI. BROOKLYN  57

VII. GOD BLESS YOU!  69

VIII. MANHATTAN  81

IX. HARLEM, WAKE UP!  89

*About the Author and Translators*  113

FOREWORD

I spent the weekend with your *New York Tableaux* in my hands and tried to enjoy it with all my senses, just as you had encouraged us to do. As I read it, I remembered that some years ago (three, four?) you had provided me with a manuscript that, probably with some changes, but not so many, was the same text that I now had before me. Not identical, obviously, just because of the very attractive pictures that accompany the words. So let's start with the drawings. They have a lot of personality; they are sensual, colored, filigree. I see them as a stream of torrential, uncontrolled shapes that overflow. They have made me think of automatic writing. Somewhat mason (from André Masson). They have a lot of inner rhythm in the manner of another heir to automatism, the great Pollock. Maybe your shapes and your colors are more lyrical, more calligraphic, more delicate, less physical, for sure, than those of Jack the Dripper. But wonderfully interesting. Now, the question that I kept asking myself is how are these drawings related to these poems? Because it is clear that they are related. The *García Lorca* of New York had something automatic and perhaps Whitman's overflowing voice stream could also be related to poems (in the sense of overflow). But these two names, after all, only head your poems, they are not your poems (by the way, that in the text, but not as an epigraph, you quote a great poet, for me, if she is still alive, one of the poets greatest lives, Adrienne Rich, that I have had the pleasure of reading and the dazzling delight of hearing, in New York precisely). Well, I return to the relationship between the drawings and the poems and to the question that I asked myself about what is the link between the two. When I finished reading on Sunday I did not know it and today in the morning, when I was not thinking about it, suddenly enlightenment has come to me. What has caught my attention the most about the poems, especially the two that are the most solid for me, the first and the last, is the mixture of the internal rhythms that stir them up. You are with a music and suddenly another completely different, sometimes

even opposite, enters that creates a stimulating tension within these poetic buildings that you have erected with such skill. Well, this confluence of music, of different rhythms, even discordant, it seems to me that it is also the most prominent personality trait of the interior structure of the drawings, the scaffolding that supports them and gives them the strength they have. The diversity of rhythms of some (the poems) and the diversity of rhythms of the others (the drawings) is what runs underneath a completely unitary book, although this unity is not obvious—at least in my eyes. It has been a pleasure to read, watch and listen to the *Tableaux*. A very well spent weekend.

*Fèlix Fanés,*
*Emeritus Professor of Art History*
*Universitat Autònoma de Barcelona (UAB)*

# I. Skylines

# I. SKYLINES

bocaterrosa claveguera fuma
primavera, tardor, hivern, estiu
gairebé ningú sap per quin motiu
l'alè blanc de Vulcà tot ho perfuma,
munió d'edificis embaluma
reconfortant de grat els sense niu
que cerquen fumerol si ve glaçada
tot escampant-se arreu quan calor fada,
*vent, sorra, tremolor, núvols d'or verd*
com finestra indiscreta rebregada
per l'ús d'una mirada displicent,
de qui és molt covard o ben valent
no volent saber res de la gentada
que l'acomboia bé de matinada
de jorn, de nit, amb l'aire indiferent
car en té prou vivint la seva vida
amb prou feines coneix precisa mida,
*sorra, vent tremolós, d'or verd els núvols*
del món publicitat vol ser la dida
a Times Square ho narren uns espots
reflecteixen cansats com borinots
difonent implacables nova crida,
tot just uns quants desclouen embranzida
d'antiga novetat: tu sí que pots!
rabent el tarannà de la incertesa
dringa el vestit joliu de la tristesa
*núvols d'or verd, sorra, vent, tremolor*
grimpen els esquirols lluint tendresa
dels arbres centenaris i gegants
des d'on modulen ufanosos cants

## I. SKYLINES

Earthy sewer fumes
spring, autumn, winter, summer
nearly nobody knows why
Vulcan's white breath perfumes everything,
overwhelming clutter of buildings
giving free comfort to the nestless ones
who seek out steaming vents if the freezing weather hits
spreading out all around when the warm weather waves
    its wand,
*wind, sand, trembling, greengold clouds*
like a rear window exhausted
from heavy-handed disapproving gaze,
judging who's a big coward, who's truly brave
wishing to know nothing of the lumpen crowd
gazing benevolently down in the early hours
day or night with an indifferent air
for it's enough just getting on with your own life,
it's enough just keeping up with that,
*sand, tremulous wind, clouds of green gold*
advertising wants to be the world's nursemaid
ads tell us the whole story in Times Square
as tired as bumblebees they broadcast spew
implacably the buzz of the new, the new
just a very few retain the gentle tempo
of old novelties: you, *sure you can!*
speeding up the principle of uncertainty
the jolly trappings of tristesse ring out
*clouds of greengold, sand, wind, trembling*
squirrels clamber emanating tenderness
from the trees, centenary and giant
out of which birds, students of wisdom,

els ocells que estudien saviesa
ens volten escenaris de bellesa
assoleix Central Park uns tons brillants
carruatges, guillats, clowns i ciclistes
vianants, els del jogging, tot són pistes
*tremolosa ventada, sorra verda*
nombrosos homeless sempre a les envistes
de matinada feréstec ventall
de gran humanitat un ver mirall
del quefer quotidià les raons tristes
perquè segur que pocs són masoquistes
per poder estimar tètric espantall
si de naixença solament n'hi ha una
per què no ens agermana a tots la lluna?
*verda sorra, tremolor, ventijol*
talment sortoses cares d'una runa
embelleix el Pantone de color
façanes que engalana lluentor
*sea wind, blackberry wine* tirant a pruna
*tangerine dream, blue note* gairebé bruna
*calypso orange, mystic beige,* fulgor
mes no sempre però el malgust esquiva
malaurats bastiments tan lluny de riba
*tremolor d'or verd, ventada sorrenca*
el plor d'artista encaboriat activa
de retallar les ganes un estel
mirada d'un estrany que trenca el gel
sense voler esquinçar línia que tiba,
avantatges d'un *neighborhood* que aviva
el desig de mantenir-s'hi fidel
trepitjar tots els barris: aventura
que cal prendre amb coratge i mesura

modulate exuberant song
scenes of beauty surround us
Central Park takes on brilliant tones
carriages, crazies, clowns and cyclists
passersby, the joggers, they're all clues
*tremulous blast, green sand*
the numerous homeless always in evidence
in the early morning a bitter wind
a true mirror of great humanity
the sad reasons for the daily rounds
for surely few of these folk are really masochists
able to accept the slings & arrows
if from birth there's only one moon over all
why doesn't it unite us, brothers and sisters?
*green sand, trembling, breeze*
such lucky facets of a ruin
embellish the Pantone color fan
façades ennobled of a glow
*sea wind, blackberry wine* going on prune
*tangerine dream, blue note* going on brune
*calypso orange, mystic beige,* radiance
*mais* not always but bad taste eludes
unfortunate vessels so far from shore
*trembling of greengold, gritty gust*
the artist's weeping all worked up accelerates
curbing desire a kite
gaze of a stranger who breaks the ice
not wanting to snap the line stretched to the limit,
advantages of a neighborhood that kindles
the desire to stay loyal to your roots
treading the *hoods*: adventure
undertaken with courage and good measure

*sorra de núvols, tremolós el vent*
esdevindrà fruitosa la lectura
de malifetes a prop Wall Street
de cop ens semblarà que es fa de nit
Lehman Brothers o Madoff o la usura
d'un sistema econòmic la fissura
del qual ens martelleja fort el pit,
fomenten els mercats enraonamentes
preguntes a resoldre ben roentes
*núvols de sorra, tremolor ventosa*
grans o petites, bones i dolentes
botigues, magatzems, supermerctas
del consumisme són tossuts aliats
unes activitats sempre valentes
considerades èpoques gens lentes
on pleguen constantment i a grapats
Sacs, Bloomingdale's, Kmart, Gap no fa nosa
Barnes & Noble, Macy's cap s'imposa
*tremolor d'or, sorra dels núvols verds*
a l'equinocci estant cau una llosa
damunt les aigües gèlides del moll
quan la boira no ens deixa veure el coll
i un tall de ganivet s'entreveu rosa,
allunyada l'Estàtua reposa
símbol de llibertat, marí penjoll
antigament els *piers* eren de fusta
encara ho són avui, hi ha gent que els tusta
*or verd, el tremolós núvol de sorra*
la dèria d'exposar s'encén vetusta
i no s'escau de fer-ho a un coliseu
d'allò més natural anar al museu
el temps enaltirà l'obra si és justa

*cloudsand, tremulous the wind*
fruitful shall become the reading
of nearby Wall Street misdeeds
suddenly we think we've gone to the end of night
Lehman Brothers or Madoff or the usury
fissures in an economic system
which hammers hard the breast,
markets foment reasoned
questions to resolve hot potatoes
*sandclouds, windblast tremolo*
great or small, good or bad
shops, stores, supermarkets,
stubborn allies in consumerism
always bold endeavors
epochs considered not in the least slow
where go bust constantly and in fistfuls
Sacs, Bloomingdale's, Kmart, Gap is no bother
Barnes & Noble, Macy's, none quite has the edge
*trembling of gold, sand of green cloud*
being at the equinox a slab falls
on the icy waters of the wharf
when the fog prevents us from seeing our own collars
and a knifeslash, you half guess the pink,
far off the Statue rests
symbol of liberty, marine pendant
of old the piers were of wood
still they are today, there are still folk pounding them
*greengold, the tremulous cloud of sand*
the old urge to exhibit flares up
and it's not suitable for showing in a coliseum
quite natural to go to a museum
time will exalt the work if it's worthy

suren trempats i de manera augusta
disputen el paper de corifeu
MoMA, Met, Dia Art, per tot difosos
Guggenheim, Morgan, Frick, New, són nombrosos
*núvols de sorra verda, d'or el vent*
paranys lingüístics tal volta tramposos
on *african-american és black*
sovint allò que manca és una hac
 a l'hospitalitat per a morosos
*native-americans* melangiosos
difícil d'oblidar el seu brutal crac
les més agosarades minories
comparteixen amb *wasp* les nits i els dies
*tremola el vent, núvols d'or verd s'ensorren*
misteri urbà adés ens llança l'ham
tot mostrant esperit de sapiència
inspirada ciutat per la ciència
als quatre vents d'idea en fa reclam,
matriu del cosmos nou com antic llamp
devots partícips, sòlida experiència
l'intel·lecte es commou quan veu la llum
New York engendra mons com gran patum
*vent tremolós, verdosos núvols d'or*
una greu malatia tant consum
cínic agreuja nivell de pobresa
sarcàstic exagera la riquesa
per cloure's de valent en un gran fum
podem entossudir-nos, el resum
la classe social no és cap fotesa
imprescindible capgirell potent
del sostenible mot no caldrà esment
*sorra d'or verd, trèmula nuvolada*

float perky and in a stately manner
rivals for the role of trendsetter
MoMA, Met, Dia Art, diffused all over
Guggenheim, Morgan, Frick, New, they're numerous
*clouds of green sand, of gold the wind*
linguistic traps maybe dishonest
where *African American is Black*
often hospitality is a little reticent
for perceived moochers
maudlin Native Americans
difficult to forget their brutal fall
the most daring minorities
share their nights and days with the WASP
*the wind trembles, golden green clouds dissolve*
urban mystery any moment casts its line towards us
while showing its spirit of wisdom
city inspired by science
in all directions it reclaims an idea,
matrix of the new cosmos like a flash of old lightning
participating devotees, solid experience
the intellect quickens when it sees the light.
New York engenders worlds like a grand *Fourth of July*
*tremulous wind, greenish clouds of gold*
a serious illness so much
cynical consumerism exacerbates poverty levels
to envelop itself boldly in a grand cloud of smoke
we can get stubborn about it, the summing up,
the social classes are no joke
essential paradigm shift
don't mention the sustainable word
*sand of green-gold, tremulous cloudscape*

de la caverna el mite impel·lent
fou un antecedent de la partida
que juguen al tauler mancat d'eixida
les imatges d'un déu omnipresent
les pantalles d'un regne ambivalent
on es confon veritat i mentida
resulta guanyador qui és més letal
proscriu raó estrall emocional
*núvols d'or, trèmula sorra, vent verd*
flaires surfegen sorrut vendaval
—agosarat salobre de marina
efluvis sadollats de tarongina—
perfumen el foc ètnic i tribal
aromes impel·lides pel mestral
fragàncies que distreu ferma rutina
velles olors cavalquen a milers
ja sia dies de festa o feiners
*or trèmul verd, nuvolosa ventada*
taral·legen els ritmes matiners
atrafegats i consumats artistes
pianos platejats i d'ametistes
assagen melodies pioners
exporten un models capdavanters
vivaços excel·leixen grans solistes
enmig de Grand Street esbleno un rap
canto a la *Big Apple and stand up!*
*vent verdenc de la sorra tremolosa*
es desembussa d'estiueig el tap
quan les *roads* vers els Hampton fan fortuna
arrel del South, de l'East, del *Bridge* comuna
a prop de *Quogue, Montauk*, com tothom sap
o *Sag Harbor* on bellesa hi fa cap

from the cavern the impelling myth
was an antecedent to the game
they played on the chessboard with no exit
images of an omnipresent god
the screens of an ambivalent reign
where truth and lies get confused
the most lethal wins
reason proscribes emotional thrall
*clouds of gold, tremulous sand, green gold*
scents surf the unstoppable gale
—audacious saltcaked marina
effluvia sated with orange blossoms—
perfume the ethnic and tribal fire
aromas impelled by the northwest wind
fragrances that distract from solid routine
old odors riding in on the thousands
be it on holidays or workdays
*tremulous greengold, cloudladen windblast*
they hum the morning rhythms
striving consummate artists
pianos of amethyst and silver
they rehearse pioneer melodies
they export the leading models
great soloists excel lively
down Grand Street I discern a rap
I sing to the Big Apple and stand up!
*greenish wind of the tremulous sand*
the summer holiday traffic jams disperse
when the roads going to the Hamptons make fortunes
common root of the South, the East, of the Bridge
near Quogue, Montauk, as everybody knows
or Sag Harbor, where beauty peaks

ho esguarda complaent salvatge duna
de bon matí es maquilla amb fina mel
mentre a hora baixa enlluerna el cel
*or sorrenc tremolós, ventades verdes*
solcar la poesia d'urbs l'anhel
ho digué Ezra Pound de forma viva
digué "una verge sense pits," esquiva
manta les llengües, veus, indistint zel
han alçat subtil torre de Babel
una vera ànima interpretativa
Whitman, Crane, Lowell, Melville en anglès
García Lorca i d'altres ho han après
*sorra verdosa tremolenca, vent*
laterals, als costats, patint estrès
el *West Side* i l'*East Side* tenen la cura
de fer-nos creure la d'ambdós postura
som gairebé germans no passa res
en canvi dissemblança hi té gran pes
perquè el gust personal guarneix motllura,
fa molts anys un dels barris fou la seu
d'un musical, guanyà més d'un trofeu
*tremolor de la sorra verda, núvol*
quan l'illa de Manhattan alça veu
entrades i sortides mil empentes
túnels obscurs mig mig a les palpentes
camins, els ponts per sort n'hi ha més de deu
i una remor constant, soferta creu
degotall que s'enclava d'esquitllentes
a *Penn Station, Grand Central,* destil·lats
viatges, viatgers, molt avesats
*or ventós que tremola i núvols verds*
negre antillà venedor de gelats

is maintained by a complacent wild dune
in early morning is made up with fine honey
around sunset the whole sky is afire
*tremulous sandy gold, green gusts*
to plough *urbs* poetry, a longing
Ezra Pound put it in a lively way
called it a virgin without breasts, eluding
many tongues, voices, indistinct zeal
they've raised a subtle tower of Babel
a true interpretative soul
Whitman, Crane, Lowell, Melville in English
García Lorca and others have learned it
*greenish tremulous sand, wind*
laterals suffering stress
West Side and East Side hold the cure
make us believe that both are posturing
we're almost brothers it doesn't matter
on the other hand dissembling also carries weight
as personal taste embellishes the mold
one of the districts was the site
of a musical, won more than one award
*tremor of the green sand, cloud*
when Manhattan Island speaks out
back & forth a thousand jostles
dark tunnels half and half by Braille
let me count the ways, bridges—luckily more than ten
and a constant hum, take up the cross
a drip drip to break the camel's back
at Penn Station, Grand Central, distilled
journeys, passengers, so humdrum
*windy gold is trembling and green clouds*
black Antillean ice cream vendor

a dojo restaurants d'excés guspira
de tant menjar desaprofitat la ira,
pel teatre al carrer enlluernats
a l'espai públic nous enllumenats
sonen els taxis insondable lira
conviuen, closos, sers extravagants
gent normal, lladres, sants i emigrants
*nuvolada de sorra que tremola*
dels gratacels les ombres impactants
carrrer vint-i-tres Broadway i cinquena
on veure dret *Flatiron* val la pena
a banda d'altres blocs també importants
les *townhouses* vívides som d'elles fans
l'*Empire State Building* porta a l'esquena
el fet de tornar a ser el lloc més alt
d'ençà que un aeroplà colpí per dalt
*ventada verdejant de sorra d'or*
el centre del poder patí un assalt
s'enfonsaren de cop torres bessones
l'entropia s'amalgamà en les ones
de nou l'humà es va mostrar malalt
com carta del tarot que perd l'esmalt
quan les llengües de foc fumen a estones
*nine eleven* d'antuvi un atzucac
preludi, sens canvi, del gran sotrac!
*or verd, tremola el vent, núvols de sorra*
eterna iniquitat és feixuc llast
tasca apressant fermar factibles vies
on dignitat conreï garanties
on un mínim tothom tingui a l'abast,
ens persegueix, esquerp, tràgic contrast
que no resolen vàcues homilies

by the fast dollop restaurants to excess
raging for all you *can't* eat
doolally by street-theatre
new lighting in the public space
taxis sound off the lyreless lire
hermits and extravagants, the normal
thieves, saints and emigrants all live together
*sandcloud that trembles*
stunning skyscraper shadow
23rd street, Broadway and Fifth Avenue
where it's worth seeing the Flatiron standing
alongside the other important blocks
the vivid townhouses, we love them
the Empire State makes no comment
on being once again the tallest Building
elsewhere planes struck low high up
*greening gale of goldsand*
the power center underwent an assault
Twin Towers fell chop down
entropy amalgamates on the waves
once again we see the twisted human
as a Tarot card that lost its veneer
when the tongues of flame from time to time smoke
nine eleven with never a way out
prelude, no changes, to the great shake-up
*green gold, the wind trembles, sandclouds*
eternal iniquity overwhelming burden
a pressing task: to hone working ways
where dignity comes with guarantees
where all are in reach of a minimum,
a tragic contrast pursues us, snapping at our heels
that vacuous homilies fail to resolve

bo i tenint tu del líder el perfil
per què no poses a l'agulla el fil?
*sorra, tremolor, vent, núvols d'or verd*

right, you've got the stamp of a leader
so why don't you stir your stumps?
*sand, trembling, wind, greengold clouds*

# II. Arm In Arm With Art

## II. DE BRACET AMB L'ART

un barri posem per cas
que us vulgui parlar de Chelsea,
sinècdoque d'alt nivell
si tot llegint no perdeu pas l'escriure
si tot badant us topeu amb l'ignot,
a poc a poc, sense pressa
retrobareu el mític vell Hotel
ara en esbullat estat
on s'hostatjaren artistes famosos,
Leonard Cohen, Dylan Thomas
de qui prengué el cognom el cantant Bob,
o l'homònim *Art Museum*
on a les Muses fan festa tostemps,
s'escau, però, de ben dir-vos
—vagarívols viatgers
que tot voleu disfrutar-ho,
per a vosaltres conèixer equival
a de cop resseguir les coses noves
amb llambregada mortal-
que només en aquest barri
tot voltant podreu trobar-vos
amb allò d'unes tres-centes
si fa o no fa galeries d'art,
il·luminat i ombrívol el *high line*
des de dalt rumbós ho esguarda,
de primer és un negoci,
és també gran passió
de ciutat molt creativa,
des de fa molt d'anys de bracet amb l'art.

## II. ARM IN ARM WITH ART

Let's pick a district
I want to talk about Chelsea
high level synecdoche
if in the reading you don't lose the writing
if half-asleep you bump into the unknown
little by little, in no hurry
you'll get back to the mythic old hotel
now in an unkempt state
where famous artists sojourned
Leonard Cohen, Dylan Thomas,
from whom the bard Bob took his surname,
or the homonymous *Art Museum*
where the Muses are fêted unceasingly,
one should properly be told, however
—traipsing travelers
who want to do it all,
for you all that knowledge would mean
catching up with the hot new thing
in one killer gaze—
that in just this one district
just strolling round you can find
around three hundred,
give or take, art galleries,
the *high line*, lit up or shady
from above one can see things in perspective,
a business before all else,
but also a grand passion
of a truly creative city,
from way back arm in arm with art.

# III. Bronx

## III. BRONX

imitant hemisferis cerebrals
dos grans exemples de parcs naturals
un venedor ambulant crida
ulls de les cases fosques negligits
de *Riverdale* la boca no emet crits
un profeta canta un rock
l'autobús de l'escola ens saluda
la barreja d'accents parla gruixuda

mercuri sofre i sal
l'esperit s'avorreix de la jugada
si manca l'equilibri ja d'entrada
la sal sofre i mercuri
per què hom no pot fer caritat
si des que començà hi hagué maldat?
sofre mercuri i sal
bé quan els tres elements tot ho animen

verdor del cementiri incita a viure
de quin color és el cel?
saber mudar el destí com l'heroi grec
saber com s'ha de fer fins i tot cec
de quin color és la terra?
segut a la parada neix becaina
les teles dels vestits couen samfaina
de molts colors cel i terra!

tens un jardí botànic al teu cor
també un immens estadi vell tresor
raig de sol desferma el vent
endreces la bugada dels teus fills

## III. BRONX

Imitating cerebral hemispheres
two great examples of natural parks
a street vendor bawls
neglected eyes of the dark houses
from Riverdale no mouth shouts
a prophet sings rock
the school bus salutes us
the mix of accents speaks thick

mercury sulphur and salt
the spirit is bored with the gambit
if right at the start there's no balance
salt sulphur and mercury
why can't one practise charity
if from the start there's been evil?
Sulphur mercury and salt
fine when the three stir everything

greenery in the cemetery incites growth
what color heaven?
know to change your destiny like the Greek hero
know how to, even when blind
what color the earth?
sitting at the bus stop dozing
gaudy dresses a ratatouille
the multicolors of heaven and earth!

you have a botanic garden in your heart
and a huge stadium old treasure
sunbeam unleashed softens the wind
you fold your children's laundry

amoixaments proclames als espills
raig de lluna clou el vent
cabussada invisible al Harlem riu
t'ajudarà a refer temps primitiu

proclaim sweet nothings in the mirrors
moonbeam shuts down the wind
an invisible plunge into Harlem laughs
helps you reconnect with the primitive

# IV. I Like Your Shirt

## IV. I LIKE YOUR SHIRT

La ciutat, amb la munió de districtes, barris i barriades, gaudeix d'una salut, pel que fa als parcs i jardins, d'allò més encomiable. És una de les grans tradicions d'aquesta cultura quan para l'orella i escolta, arrebossada d'admiració, la veu de la natura. No comentaré, per més que no em deixin de ballar pel cap, els disbarats, crims i expoliacions que, d'altra banda, la mateixa classe dirigent escomet arreu contra un dels llegats més importants i necessaris per a la humanitat: la Terra i bona part dels seus habitants, els—ben anomenats?—éssers inanimats.

M'han atret força les places. Concretament les de la zona de Manhattan, que és l'illa que més he trepitjat tots aquests darrers anys. Tal vegada sempre m'ha impressionat el fet que, antigament, les ciutats, l'origen de les quals era del tot sacre i amb una fonamentació simbòlica, es consolidaven a partir d'una forma geomètrica o, com a mínim, a partir d'un determinat esperit formal i geomètric. Només cal pensar, a tall d'exemple, en la *urbs quadrata* de la mil·lenària ciutat de Roma. També han desvetllat la meva curiositat les places, atès que en anglès el nom de plaça és *square*, amb una "s" inicial, que a més a més es pot traduir com "quadrat." La "s" és un signe, el qual, si examinem diverses llengües antigues, ens mostrarà com des del punt de vista gràfic ha experimentat nombroses modificacions, mentre des del punt de vista fonètic tampoc s'ha quedat enrere. Ens ve a tomb, per evidenciar-ho, imaginar-nos com s'escriu i com es pronuncia en grec, en sànscrit i en jeroglífic (com hom creu que es pronunciava!). En la llengua dels filòsofs presocràtics correspon a la lletra "sigma"—Σ—,que presenta un parentesc amb el "sàmec" hebreu, i que ens donarà la "s" llatina, la idea sobre la qual, des del punt de vista simbòlic, és el d'una espiral. Espiral que en el cas d'una plaça, d'una *square*,

## IV. I LIKE YOUR SHIRT

The city, with its wealth of districts, boroughs and hoods, enjoys a healthiness bestowed upon it by the most exemplary parks and gardens. It's one of the great traditions of this culture that one may, in the glow of admiration, lend one's ear to the voice of nature. No comment, on the other hand, though constantly they disturb me so, on the idiocies, crimes and plunder that the ruling classes commit everywhere against one of the greatest and most necessary boons of humanity: Earth, and a good part of its inhabitants, the—aptly named?—inanimate beings.

I've felt a strong attraction to the squares. Specifically those of the Manhattan area, which is the island I've most trodden all these recent years. Perhaps it's always impressed me that, of old, cities, whose origin was truly sacred and had a symbolic foundation, were consolidated following a geometric form, or at least were true to a formal and geometric spirit. Rome springs to mind as an example, the *urbs quadrata* of that millenary city. Also, squares have aroused my curiosity, Squares in English with a capital S, whatever shape they may be. The S is a sign, which, if we examine various ancient languages, shows us how, from the graphic point of view, it has undergone numerous modifications; nor phonetically has it evolved much less. To see this clearly, it's worth imagining how it's written and how it's pronounced in Greek, in Sanskrit and in hieroglyphics (or rather, how we believe they were pronounced). In the language of the pre-Socratic philosophers, the sigma—$\Sigma$—, a cousin of the Hebrew samekh, which will also give us the Latin <S>, corresponds to the idea of a spiral, viewed symbolically. A spiral which in the case of a *square* plaza, may correspond to

pot correspondre al moviment interior—harmònicament i metafòrica—que es produeix quan s'entrecreuen els diversos braços, carrers o gentada que hi va a raure, a morir o a néixer de bell nou. No debades ens recorda el lligam que s'estableix entre elements, d'entrada, oposats. És per això, per veure què en resultava de la barreja d'aquests humors tan entranyables, de vegades, que els diumenges, havent dinat, acostumava d'anar a passejar per places i placetes. Algunes són també parcs i, aleshores, adquireixen una fesomia del tot particular. De les que més m'atreien n'hi ha quatre que procuro anar a visitar amb regularitat: *Union Square, Gramercy Park, Cooper Square i Washington Square.*

*Union Square*, els seus petits mercats i els seus deliciosos concerts, els metros, la seva gentada els caps de setmana. *Gramercy Park*, continguda reproducció d'una plaça londinenca, on cal, però, comptar amb l'amistat d'algun veí per poder gaudir de l'exclusiu jardí on només poden accedir els veïns que posseeixen la preuada clau. Un cop dins, l'estona de plaer, pau i tranquil·litat serà esbalaïdora. *Cooper Square*, cruïlla on neixen la tercera i la quarta avingudes i on mor, segons de quin costat es miri, l'avinguda Bowery, entestada a mantenir-se fidel als seus orígens comercials. La quarta plaça, la que més he freqüentat, *Washington Square*. La flaire a Henry James i la proximitat de la NYU (*New York University*) atorguen a aquesta plaça un caire ben especial. Partides d'escacs interminables, riuades de visitants a centenars, músics de carrer d'una professionalitat espaordidora, extravagants solitaris, pidolaires, *homeless* tirant dels seus carrets farcits amb tota mena de *gadgets* que acaronen com a tresors, coloms, orenetes, vent de ponent o de llebeig …

Molt a prop de l'arc que encimbella la plaça un dia vaig veure

the interior movement—harmonically and metaphorically—produced when various arms interweave, streets that lead there, or a crowd that goes there to pass the time, to die or to be born anew. Not in vain does it remind us of the link created between elements which are seemingly opposites. This is why some Sundays after lunch I'd go walking through squares, to see what might arise from such a heady mix. Some squares are also parks, whereupon they become a unique phenomenon. Of those that attracted me most, there are four I try to visit regularly: Union Square, Gramercy Park, Cooper Square and Washington Square.

Union Square, its little markets and its delicious concerts, the metro stops, its crowds at the weekend. Gramercy Park, a contained reproduction of a London square, where, however, one has to count on the friendship of one of the inhabitants in order to enjoy the exclusive garden that only the neighbors holding the valued key may enter. Once in, the moments of pleasure, peace and tranquility will be astonishing. Cooper Square, crossroads where Third and Fourth Avenues begin and where dies, depending on your point of view, Bowery Avenue, bent upon staying faithful to its commercial origins. The fourth square, the one I've spent most time in, Washington Square. A whiff of Henry James and the nearness of NYU (New York University) bestow upon this square a very particular air. Endless chess games, streams of visitors in their hundreds, awesomely professional street musicians, lone eccentrics, beggars, the homeless pulling along their shopping carts loaded up with all kinds of gadgets they cherish as treasure, pigeons, swallows, the west wind or the south-west …

Close by the arch that crowns the square one day I saw a little

una nena, vigilada a poca distància per la que vaig suposar la seva mare, que jugava sola amb unes nines, tot enraonant molt cerimoniosament amb elles. Era a finals de l'estiu i ja l'havia vista quatre o cinc vegades. Un diumenge em vaig decidir a donar un pas i m'hi vaig apropar. Tot saludant la mare per demanar-li un permís gestual, li vaig preguntar a la nena com es deia. Res de res. Després d'una extenuant insistència, quan menys m'ho esperava i ja estava a punt de marxar, la nena em va etzibar:

—Lucinda Leonor!

El nom, no ens hem pas d'enganyar, em va sorprendre. Sorpresa que no va fer minvar l'afalac que suposava que finalment la nena hagués obert la boca. Ras i curt, no arribava als tres anys—he tingut tres fills, tinc nou néts que ara ja són onze i em sona això de les edats dels més menuts—i aquesta deferència tan civilitzada era de ben agrair.

Van passar els dies, unes poques setmanes. La tardor s'arromançava i encara picava l'ullet al bon temps. Un diumenge, en acabar de fer una becaina a la plaça, m'hi passejava distret i de sobte una pilota se'm va aturar entre les cames. El temps d'ajupir-me per recollir-la i ja tenia, pocs metres al davant, palplantada, una nena menuda i divertida. La vaig reconèixer ben de pressa. Era la nena que enraonava amb les nines. Abans de poder tornar-li la pilota, tot esguardant-me, tímida i encisadora, em va dir:

—*I like your shirt!*

Bocabadat, astorat i un xic espaordit, així vaig romandre. Traient pit, però, amb la meva camisa preferida, un estampat de

girl, watched over from a short distance away by a woman I took to be her mother. She was playing by herself with some dolls, the while talking to them very ceremoniously. It was the end of summer and I'd already seen her four or five times. One Sunday I decided to take a step forward and approach. Signalling to her mother for a sign of assent, I asked the girl her name. No response, none at all. After an extenuating insistence, when least I was expecting it and was all set to leave, she burst out:

—"Lucinda Leonor!"

The name, no need to dissemble, surprised me. A surprise that didn't lessen the compliment implied in the girl's opening up. In short, she must have been less than three years old—I have three children and nine grandchildren, or rather now twelve of them, so I can tell the ages of the little ones—so such civilised deference in her was really welcome.

The days went by, a few weeks passed. The fall languished and fine weather still smiled down on us. One Sunday on finishing a drink in the square I was strolling in a daze when a ball came to a halt between my feet. In the time it took to kneel down and pick it up, a few meters in front of me stood stock-still a cute little girl. I recognized her straight away, the girl who spoke to her dolls. Before I could throw her ball back, she said, all charming and shy:

—"I like your shirt!"

Gaping, stunned and a little timorous, I thus remained. Flaunting, however, my favorite shirt, a print of gray, red

flors gris, vermell i negre damunt d'un fons blanc com l'escuma d'una mar turquesa.

and black flowers on a white background like the spray of a turquoise sea.

# V. Queens

## V. QUEENS

és l'esperit del somni que grinyola
mentre cases fronthereres
pasten dones finestreres
que esbufeguen com rams de farigola

clapotegen els ànecs als estanys
rumien amb cap cot els sense feina
s'enlairen les cometes març amunt
davallen des del cel llàgrimes verdes

[ no s'atura mai el *subway*]
[i vomita un munt de per-]
[sones que treballen arreu]
[i han d'espabilar-se dia   ]
[rere dia   ]

## V. QUEENS

It's the spirit of the dream that hollers
while clapboard houses
mold women at windows
huffing as if over bouquets of thyme

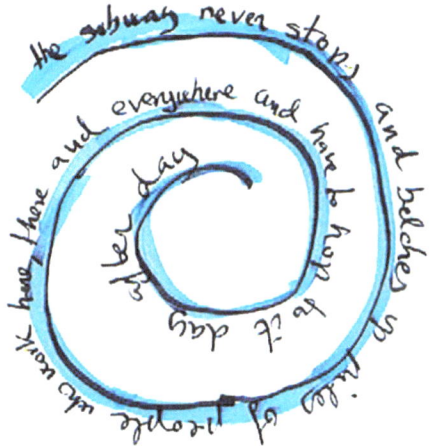

the ducks plop in the ponds
the unemployed mutter gloomy eyes lowered
March begins and the kites are flying
green tears drop from the sky

[ the subway never stops]
[and belches up piles of people]
[who work here, there and everywhere]
[and have to hop to it day after day]

# VI. Brooklyn

# VI. BROOKLYN

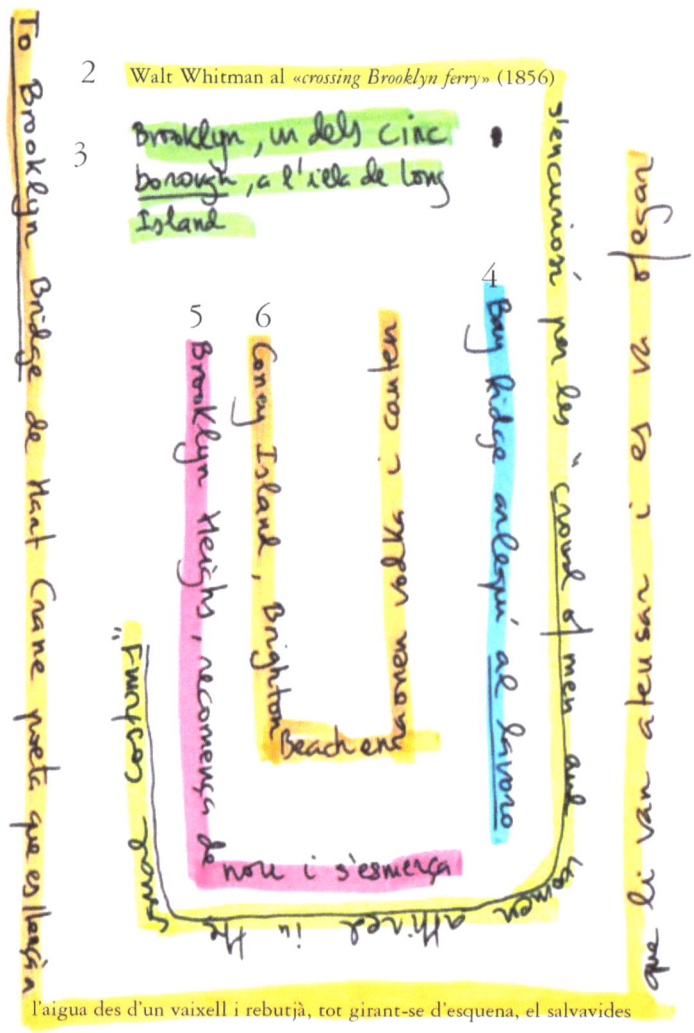

# VI. BROOKLYN

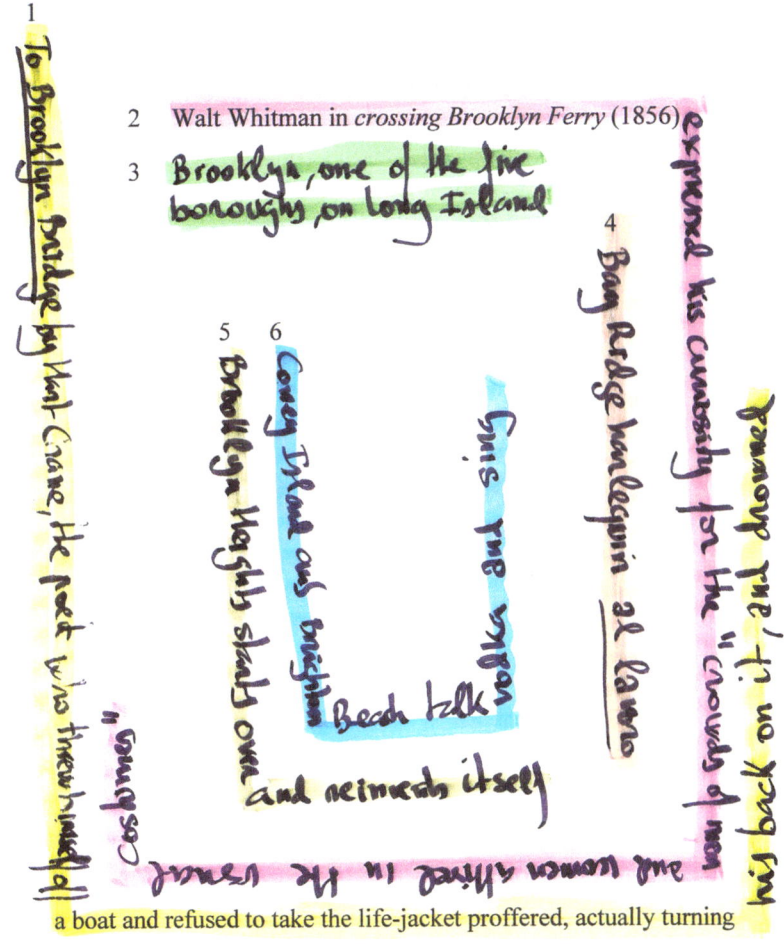

2  Walt Whitman in *crossing Brooklyn Ferry* (1856)

3  Brooklyn, one of the five boroughs, on Long Island

1  To Brooklyn Bridge by Hart Crane, the poet who threw himself off

4  Bay Ridge harlequin at large

5  Brooklyn Heights shabby and reinvents itself

6  Coney Island our brighton Beach talk

expressed his curiosity for the "crowds of men and women afloat in the rental" his back on the donkey

a boat and refused to take the life-jacket proffered, actually turning

1 *To Brooklyn Bridge* de Hart Crane, poeta que es llençà a l'aigua des d'un vaixell i rebutjà, tot girant-se d'esquena, el salvavides que li van atansar i es va ofegar.

2 Walt Whitman al "*crossing Brooklyn ferry*" (1856) s'encuriosí per les "*crowds of men and women attired in the usual costums*"

3 Brooklyn, un dels cinc *borough*, a l'illa de Long Island

4 Bay Ridge arlequí *al lavoro*

5 Brooklyn Heighs recomença de nou i s'esmerça

6 Coney Island, Brighton Beach enraonen vodka i canten

1 *To Brooklyn Bridge* by Hart Crane, the poet who threw himself off a boat and refused to take the life-jacket proffered, actually turning his back on it, and drowned

2 Walt Whitman in *crossing Brooklyn Ferry* (1856) expressed his curiosity for the "*crowds of men and women attired in the usual costumes*"

3 Brooklyn, one of the five boroughs, on Long Island

4 Bay Ridge harlequin *al lavoro*

5 Brooklyn Heights starts over and reinvents itself

6 Coney Island and Brighton Beach talk vodka and sing

7 *Brooklyn Botanic Gardens*

8 *East River State Park*

9 *Prospect Park*

10 *Sunset Park*

11

12

13 *Park Slope*

14 *Borough Park*

16

15 *Manhattan Beach Park*

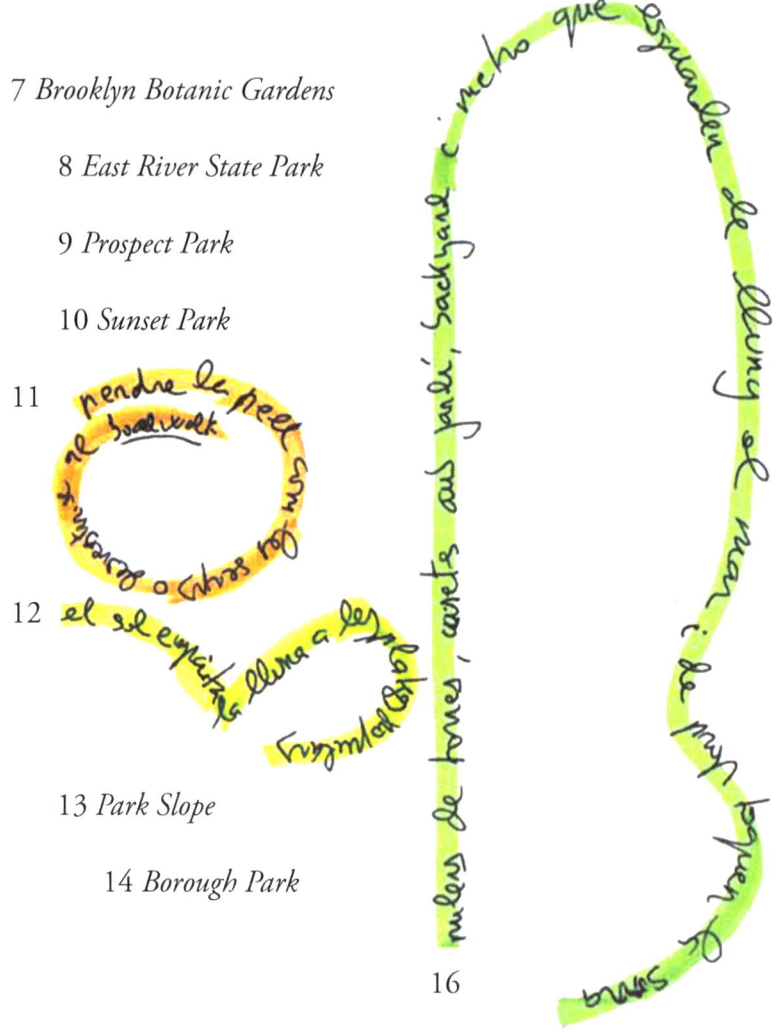

[11 perdre la pell com les serps o desvestir-se al boardwalk]
[12 el sol empaita la lluna a les platges populars]

[16 milers de torres, casetes amb jardí, *backyard* i metro que esguarden de lluny el mar i de prop toquen la sorra]

7 Brooklyn Botanic Gardens

8 East River State Park

9 Prospect Park

10 Sunset Park

11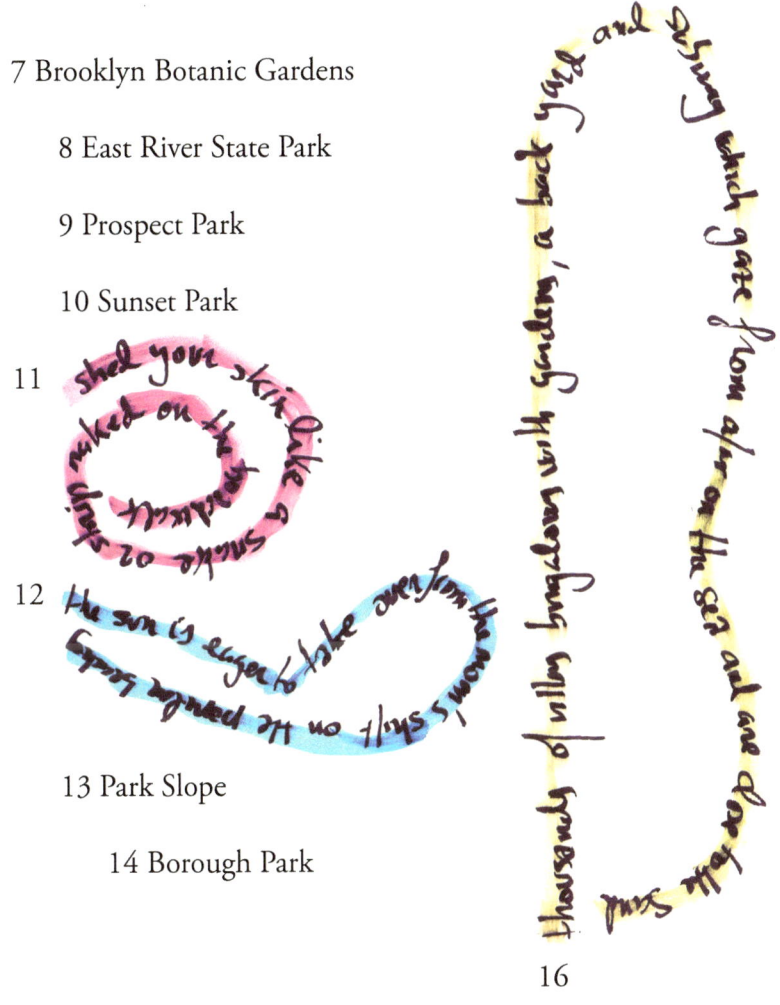

12

13 Park Slope

14 Borough Park

16

15 Manhattan Beach Park

[11 shed your skin like a snake or strip naked on the boardwalk]
[12 the sun is eager to take over from the moon's shift on the popular beaches]
[16 thousands of villas, bungalows with gardens, a back yard and subway which gaze from afar on the sea and are close to the sand]

65

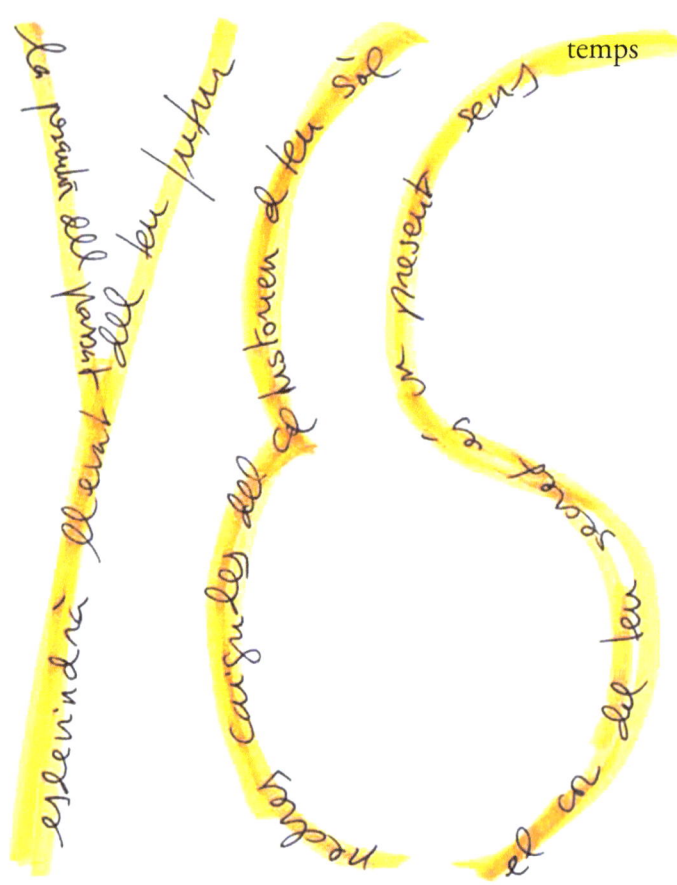

Y la pesantor del passat esdevindrà llevat del teu futur

E pedres caigudes del cel historien el teu sòl

S el cor del teu secret és un present sens temps

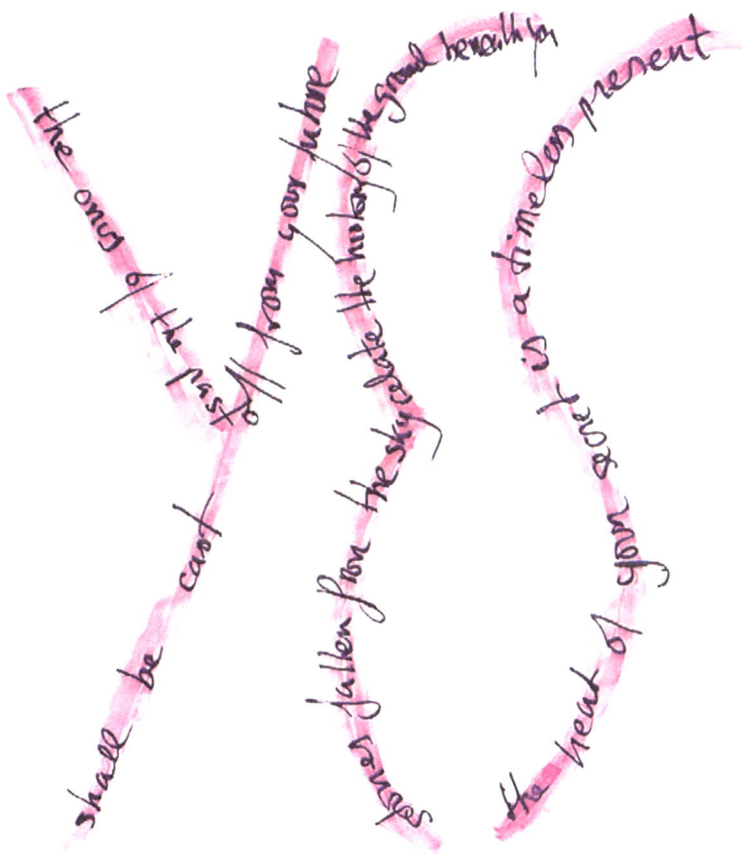

Y the onus of the past shall be cast off from your future

E stones fallen from the sky relate the history of the ground beneath you

S the heart of your secret is a timeless present

# VII. God Bless You!

## VII. GOD BLESS YOU!

La crueltat, una de les manifestacions més alliçonadores sobre la dificultat de la vida humana, és adobada sovint quan hom menys ho espera amb un grapat d'autèntica tendresa. L'afaiçonament bondadós, temporalment parcial, de la cara o de les cares de la terrible cruesa del fet de viure—del "mester de viure" com va escriure Cesare Pavese o del "principi de realitat" de què tant va parlar Sigmund Freud—ben de grat es desenvolupa quan és acomboiat pels esmentats replecs de la tendresa. D'ençà de 1994, quan he sojornat a l'illa de Manhattan, primer a l'*Upper East Side*, després a *Little Italy*, sempre he agafat el *subway*. He de confesar que les experiències viscudes sota terra, tot i amb matisos, han estat acolorides per diverses tonalitats. Per ser més precisos, la de la sorpresa, la de la bogeria, la de la miseria, la de l'excentricitat, la de la resignació, la de la prepotència i, finalment, la de la humanitat. Amb cert astorament, ara que passo en net aquest esborrany, m'adono que són exactament set els escenaris als quals atribueixo un "color." Potser pel fet d'haver comptat nombroses vegades les parades. Els primers anys eren set les que m'apropaven a Union Square, la meva destinació final. Recordo que les recitava fil per randa, també per no ficar la pota i passar de llarg. Aquells primers anys, capficat amb els noms de les set parades, bo i sabent que no podía pas distreure'm, tot d'una un bon dia vaig començar a mirar de reüll, molt millor seria dir a pensar de reüll, les situacions a les quals la presència del número set fornia un to captivador. Una sola direcció, dues possibilitats: la real i la virtual, la imaginada. Aleshores, us semblarà exòtic o massa eixelebrat, la destinació final real esdevenia *Union Square,* mentre, paral·lelament, la destinació imaginada era, posem per cas, *El Llibre dels Morts dels Antics Egipcis*: "als Camps Beats hi viu una serp, Rerek és el seu nom … i la seva esquena té una llargària de set cúbits." Un

## VII. GOD BLESS YOU!

Cruelty, one of the most telling signs of the difficulty of human life, is often lightened when least expected by an offering of authentic tenderness. The gesture of goodwill, temporally partial, from the face or faces of the awful rawness of the act of living—of the "master of living" as Cesare Pavese wrote or of the "reality principle" of which Sigmund Freud spoke so much—it develops with the greatest of ease when in tandem with the aforementioned cushioning of tenderness. Since 1994, having always stayed on Manhattan Island, first on the Upper East Side and later in Little Italy, I've always taken the subway. I must confess that the experiences lived under ground, albeit with nuances, have been colored with various tones. To be more precise, tones of surprise, of madness, of misery, eccentricity, resignation, arrogance, and finally, of humanity. With some astonishment, as I make this final draft, I notice that there are exactly seven scenarios I attribute a *color* to. Perhaps on account of having counted the stops so frequently. Seven of them in the first years got me to Union Square, my destination. I remember reciting them one by one, so as not to blunder and miss my stop, among other reasons. Those first years, so involved in the names of the seven stops, really aware I couldn't afford to get distracted, one fine day I began to look askance, or rather, to think askance, upon situations in which the presence of the number seven emanated a captivating tone. One sole direction, two possibilities: the real and the virtual, the imagined. So, it will seem to you exotic or too esoteric or whacky, the real final destination became Union Square, while, in parallel, the imagined destination was, for example, the Book of the Dead of the ancient Egyptians: *In the Blessed Fields there lives a serpent, Rerek is its name. [...] and its back is seven cubits long*. On another day, should you prefer something

altre dia, si preferiu més esotèric, la destinació era el Pimandre, llibre atribuït a Hermes Trismegist, el qual ens parla dels set primers homes que van poblar la Terra, dels set cercles celestes concèntrics i de la jerarquia dels set cels que corresponen als set astres i a les set esferes, comandades per la Fortuna. Aclaparat per la quantitat de jueus que es veuen a la ciutat, una jornada la destinació era el món de l'*hebraisme*, on és santificat el setè dia de la setmana; les festes de Pasqua i dels Tabernacles duraven set dies; entre Pasqua i la Pentecosta s'intercalaven set setmanes o se celebrava el jubileu després de set vegades set anys. Em resultava molt fàcil, un dia que estava en baixa forma mental, escollir com a destinació *la Bíblia*, i més explícitament el llibre del Gènesi: "després de set dies les aigües del Diluvi van inundar la Terra" o "el Faraó va somniar set vaques grasses i set de magres, set espigues plenes i set de primes." En canvi, tot exultant erudició, un dia decidia que la destinació era el món dels sumeris, on el rei Guilgameix utilitzava una destral que pesava set talents i set mines, mentre que set són les primeres preguntes que l'heroi Gilgamesh adreça a Enkidu per saber com són tractats als Inferns els pares que han tingut un o set fills. Si no en tenia prou amb l'*epopeia de Guilgameix* picava fort i la destinació era *La baixada d'Ishtar als Inferns*, on la deessa de l'amor i de la guerra, precedent de la nostra Venus, ha de superar set portes amb set panys per sentir-se alleugerida dels seus vestits i dels seus joiells. No us vull cansar amb les meves escomeses que, tot sigui dit, em delia d'allò més d'anar ampliant: que si a l'Índia ens parla el *Mahabharata* del déu Agni, el de les set flames; que si els Tàrtars de Valdia afirmen que el seu país té set portes; que si a Grècia els grans savis filòsofs van ser set; per cloure un dia trist i amb la ment afeblida en haver de recórrer al calaix de sastre dels tòpics més flaubertians i tronats: els set

more esoteric, my destination was the *Poemander*, attributed to Hermes Trismegistus, which speaks to us of the first seven men to inhabit the Earth, of the seven concentric celestial circles and of the hierarchy of the seven heavens corresponding to the seven stars and the seven spheres controlled by Fortune. Astonished by the number of Jews to be seen in the city, on one day my destination was the world of Jewry, in which is hallowed the seventh day of the week; the feasts of the Passover and of the tabernacles lasted seven days; between the Passover and Pentecost seven weeks are counted; or seven times seven years for the jubilee year. It worked out just fine for me on a day of low levels of mental energy to choose for my destination *The Bible*, more precisely the book of Genesis: *After seven days the Flood waters inundated the Earth or The Pharaoh dreamed of seven fat cows and seven thin ones, seven full ears of wheat and seven empty.* On another day, in exultation of erudition, I picked as my destination the Sumerian world, wherein King Gilgamesh took up an axe weighing seven talents and seven mines, while the first questions the hero Gilgamesh put to Enkidu were seven in number in order to know how the parents who'd had one or seven children were treated in the underworld. And if that wasn't enough the Epic of Gilgamesh hit home and my destination was *The descent of Ishtar into hell,* where the goddess of love and war, forerunner of our Venus has to pass through seven doors with seven locks so as to feel released from her garments and jewels. I don't wish to wear you down with my fripperies, which, all the same gave me the greatest of pleasure in elaborating. And so on: in India the *Mahabharata* tells of the god Agni, Agni of the seven flames; the Tartars of Valdia assert that their country has seven doors; in Greece the great philosophers numbered seven. And, to end a sad day with a run-down brain, if I have to scrape the bottom of a pathetic

vicis capitals, els set colors, els set dies de la setmana, les set notes musicals, les set meravelles del món antic, els set símbols de la iniciació de la maçoneria, els set planetes, els set turons de la ciutat de Roma, *caput mundi*, o les set paràboles del Regne dels Cels.

Un dia, no recordo quin de la setmana, vaig haver d'agafar una línia de metro diversa de l'habitual, car anava a passejar per Brooklyn. Tot tornant cap a casa, al vespre, assegut tranquil·lament, em vaig posar a prendre notes del que acabava de veure. No sé per què en lloc d'escriure amb el bolígraf ho vaig fer amb la meva ploma Montblanc, lluent i nova de trinca, preuat regal de la meva companya. Feia una bona estona que escrivia quan vaig notar, asseguda davant meu, la presència d'una dona negra, vestida humilment i amb elegància alhora. Em mirava als ulls de fit a fit i també, amb regularitat, abaixava el cap lleugerament i esguardava la ploma. Un doble moviment sense cap interrupció. Un llamp, una intuïció. Ja hi som!, vaig pensar. En efecte, sense donar-me temps a pensar res més, la dona va dreçar les orelles i amb sumptuosa dignitat, un pla fix de pel·lícula clàssica i de gran nivell, em va dir:

—*Can I borrow your pen?*

De vegades la ment humana és prodigiosa i del tot ambivalent: la raó pensa una cosa i el cor en diu una altra.

—*Yes, of course!*

Mentre la hi entregava, tot aixecant-me, ja veia la ploma perduda. Com demanar-la-hi, ateses la força i la tendresa amb què les seves mans, del tot esberlades per la vida, acollien i no

Flaubertian barrel I come up with the seven cardinal sins; or the seven colors, the seven days of the week, the seven musical notes, the seven wonders of the ancient world, the seven symbols of Masonic initiation, the seven planets, the seven hills of the city of Rome, *caput mundi*, or the seven parables of the Kingdom of Heaven.

One day, I don't remember what day of the week it was, I took a metro line different from the usual, to take a walk around Brooklyn. On the way back in the evening, relaxed, I started making notes about everything I'd just seen. I don't know why instead of writing with my ballpoint I got out my Montblanc, all shiny and new, valued gift from my partner. I'd been writing a while before I noticed seated in front of me a black woman, humbly but elegantly dressed. She was looking at me straight in the eyes and also, regularly, slightly lowering her gaze to the pen. A double movement without interruption. A flash, intuition: *Here we go!*, I thought. Indeed, not allowing me time for further reflection she made her move, and with a sumptuous dignity, as in a still from one of the great classic films, said:

—"Can I borrow your pen?"

Sometimes the human mind is prodigious and completely ambivalent: reason thinks one thing and the heart says another.

—"Yes, of course!"

While getting to my feet and handing it over, I saw the pen as good as lost. How to ask for it back, seeing with what strength and tenderness her lined, lived-in hands, took and unceasingly

paraven de fer carícies a aquell objecte per a mi tan inestimable? Si la dona baixava a la propera parada estava llest!

Sovint els esdeveniments enraonen el llenguatge del silenci, de la mirada pregona i subtil, i no el de la innecessària xerrameca de les explicacions. Atansant-me, tot de cop, la ploma amb les dues mans i obligant-me a apropar-me a ella, em va esguardar amb un somrís net, extraordinari, i digué:

—*God bless you, sir!*

Tal vegada és veritat que l'ànima d'un mort roman, al voltant del seu cos, només set dies. No ho sé pas. El que sí que sé, del cert, és que cada vegada que en aquesta ciutat algú se m'adreça per dir-me alguna cosa i clou el seu discurs amb el clàssic sir, encara avui, passats més de deu anys de l'escena de la dona de la ploma, ressona al meu cor l'alè d'aquella mirada tan humana i esperançadora i una veu em recorda:

—*Thank you, ma'am!*

caressed that object, for me priceless? If she got off at the next stop it was all over!

Events often require the language of silence, the deep and subtle gaze, not the unnecessary jabber of explanation. Grasping all of a sudden the pen with my two hands, I was thereby obliged to get close to her. She looked at me with an extraordinary clear smile and said:

—"God bless you, sir!"

Perhaps it's true that a departing soul remains near its body just seven days. I don't know. What I do know for sure is that each time someone in this city addresses me for something and closes the utterance with the classic *sir,* still today, ten years after the scene of the lady with the pen, the breath of that hope- giving regard, so human, resonates in my heart, and a voice comes back to me:

—"Thank you, ma'am!"

# VIII. Manhattan

## VIII. MANHATTAN

veus<br>
sempre<br>
dia i nit<br>
a totes hores<br>
milers i milers<br>
cossos reverberats<br>
façanes de gratacels<br>
el so de vides lluminoses<br>
el plor de feres estabornides<br>
el combat de pobresa i riquesa

Apressats i distrets no fan vacances
són barris avesats a viure a l'illa
*Upper East Side, West Side*, fa de cruïlla
un *Central Park* gegant on mai et canses,
acull *Midtown* escena teatral,
esclata foll xivarri enmig de places,
*Greenwich* contempla el capritx de les masses
emular Ginsberg pel *Downtown* vital,
*Tribeca, Soho, Wall Street, i Nolita*
*Chinatown* s'endrapa *Italy "petita"*!

La cinquena avinguda, la segona
travessen els carrers enumerats
són *cardo, decumanus*, d'antics fats
enllumenen com Broadway bona estona.
A la *White Horse Tavern* en Dylan Thomas
assedegat de l'esperit del sofre
clou l'ànim corporal dins tètric cofre,
el que beuen humans no són pas bromes;
saviesa sovint del tot s'amaga
dins torre il·luminada per l'obaga.

## VIII. MANHATTAN

VOICES
always,
day and night
at all hours
thousands and thousands
of reverberating bodies,
skyscraper façades
the sound of luminous lives
the distress of downtrodden beasts
the combat of wealth and poverty

Hurried and distracted no vacations
neighborhoods used to living on the Upper
East Side, West Side island, making giant
Central Park a crossroad where you never
get tired, welcome *Midtown* scene from a play,
mad gaiety in the squares, Greenwich
contemplates the caprice of the masses
emulating Ginsberg for vital *Downtown,
Tribeca, Soho, Wall Street, and Nolita
China- town encroaches upon "Little" Italy!*

Fifth Avenue, Second, numbered streets
cross, they're the *cardo* and *decumanus*
of ancient fates illuminating like Broadway
a good while. At the White Horse Tavern
Dylan Thomas thirsting in the spirit of sulphur
shuts his bodily soul in a gloomy coffer,
no joke what humans drink,
wisdom often entirely overcast
in a tower lit with darkness.

Canten un gospel afro-americans
empaiten somni etern nouvinguts
l'*East River* i el *Hudson* germans
intrèpids banquers barruts
bicicletes de pizza
pidolaires vers
remors brutals
nous esclaus
obesos
prims

Afro-Americans sing gospel
the newcomers pursuing the eternal dream
the East River and the Hudson, brothers
intrepid swindling bankers
pizza bicycles
brutal rumblings
real beggars
new slaves
obese
thin

# IX. Harlem, Wake Up!

## IX. HARLEM, DESPERTA!

Es confonen els records
amb la remor de les passes,
ombres xineses als llavis
són els dolls que t'escridassen,
els balls emmirallats que reflecteixen
els salts dels animals mentre llangueixen.
La llengua dels poetes bé empasta
les parets dels teus pedaços,
músiques de contrapunt
fan que s'enlairin els braços,
són les portes del present
és el desig d'un gran canvi,
remembren antic esforç
antics navilis remembren,
mesopotàmiques les ziggurat
eren de Déu les portes ben pintades
dels set colors de l'arc de Sant Martí,
al déu Enlil estaven consagrades
també al déu Anu, ambdós
eren sinònims de l'Ordre
i de la Constricció;
és per això que tu estàs
ben obligat a ordenar
tot el teu imaginari,
i, si et plau, deixa'm que et digui
que al teu voltant se senten unes veus
que estic segur que volen ajudar-te
en aquesta fatiga demiúrgica
en aquest treball herculi,
que d'altres ja han encetat
com en Harry Belafonte,

## IX. HARLEM, WAKE UP!

Memories get confused
in the to-and-fro bustle,
Chinese shadows on lips
are the cold shower that jolts you,
the mirrored dances that reflect
the twitches of languishing animals.
The language of poets properly plasters over
your patchwork walls,
counterpoint music
gets your arms waving,
music the portal to the present
it's desire for great change
they remember ancient strength
ancient fleets remember,
Mesopotamian the ziggurats
the gaudy gates of God they were
of the seven colors of the rainbow,
consecrated to the god Enlil
also to the god Anu, both
were synonyms of Order
and of Constriction;
it's on account of this that you're
truly obliged to keep order
throughout your entire imaginarium,
and, please, let me tell you
that from every side you hear voices
that I'm sure want to help you
in this demiurgic fatigue
in this Herculean labor,
that others have already begun
Harry Belafonte for example,

te'n recordes com cantava
que bé ballava i com n'era de fi,
són veus que en la teva llengua
ens parlen de sentiments,
com Edgar (A. punt) Poe que de petit
molt estimà la seva Annabel Lee,
o l'escriptor Henry David Thoreau
s'entusiasmà amb la natura fèrtil
mentre Walt Whitman, nascut a Long Island
recitava el seu famós
vers *I celebrate myself*
que ell era tot dient-nos el poeta
del cos, alhora el poeta de l'ànima,
potser viatjant en *ferry*
de Brooklyn, on ell vivía,
fins a l'illa de Manhattan,
no hem pas d'oblidar on som,
segle dinou, l'any mil vuit-cents seixanta,
va somniar dins d'un somni
una ciutat que esdevé
invisible quan rep tots els atacs
de la resta d'aquest món,
talment com setembre onze
talment de l'any dos mil u,
nom del poema: *I dream'd in a dream!*,
potser mentre caminava
per anar fins al diari
al carrer Nassau a prop
de la seva llar al 12
de Centre Street, després d'haver dinat
(quina casualitat
d'ençà d'una pila d'anys

remember how he sang
how well he danced and how fine he was,
these are voices that in your language
speak to us of sentiments,
as Edgar (A dot) Poe as a lad
greatly loved Annabel Lee,
or the writer Henry David Thoreau
was entranced by fertile nature
while Walt Whitman, born on Long Island,
recited his famous
verse "I celebrate myself"
which revealed him as poet
of the body as well as of the soul,
perhaps taking the ferry
from where he lived in Brooklyn
to Manhattan Island,
let's not forget where we are,
nineteenth century, the year eighteen-sixty,
he dreamed in a dream
a city that becomes
invisible when undergoing all attacks
from the rest of this world,
such as nine-eleven
such as two thousand and one,
name of poem: *I dream'd in a dream!*,
perhaps while walking
to go to the newspaper
on Nassau Street near
his home at 12
Centre Street, after having lunched
(what a coincidence
so many years later

he residit sempre en aquest carrer
poques cases més amunt),
arreu ressonarà l'eco
de la veu d' Emily Dickinson
que com tu, estimat Harlem,
ens mostra la solitud
de l'espai fogallejat
de la mar de ciment trist
de la mort de color negre
de la veu d'un cant excels
de les cares tan polides
per les cendres de vells precs,
i encara te'n recordes amb fervor
del rei que t'atorgà García Lorca,
sempre esmolant la cullera
per treure els ulls de por a la injustícia,
donar puntades de peu
a un sistema sanitari
que et vol amortallar com si ja fossis
mort i ben colgat per sempre,
tu, però, com diu la Dickinson
has comprès la "finida infinitat,"
tesi del teu parent Barack Obama,
i no vols que el cor s'adormi,
ni que les mans et mandregin
ni les cames facin figa
ni les píndoles et matin
i tampoc vols ser un barri
hostil vers els viatgers,
segueix W. H. Auden
acull-lo com fa sempre la ciutat

I've always resided in this street
just a few houses further up),
all around sounds the echo
of Emily Dickinson's voice
who, like you, beloved Harlem,
shows us the solitude
at the flashpoint
in the sad cement sea
of the death of the color black
of the voice of a chant excelsus
of the highly polished faces
so squeaky clean
in the ashes of old prayers,
and you still remember with fervor
the king who bestowed upon you García Lorca,
always sharpening the spoon
to gouge out the eyes of fear of injustice,
and kick against
a health system
that would shroud you as if you were
dead and gone forever more,
you, notwithstanding, as Dickinson said,
have understood the "finite infinity,"
thesis of your cousin Barack Obama,
and you don't want your heart to fall asleep,
nor your hands to become idle
or your legs to weaken
nor pills to kill you
and you don't want to be a neighborhood
hostile to visitors,
follow W. H. Auden
welcome him as the city always does

que sosté les seves emocions
tal com si fos un ventall,
mentre les sorolloses multituds,
d'aquestes en tens un munt,
els fan lloc sense murmuri
els fan lloc com fa la terra,
tenint tanta paciència
amb la vida dels humans,
t'estimaran ja per sempre
tots els viatgers intrèpids
que pels carrerons s'endinsin
vora el xivarri del barri
vora el *Museo del Barrio,*
perquè tu també enraones
i, força, en espanyol,
són les notes caribenyes
que calenten com el sol
a hores baixes amb la lluna
vellutegen el consol,
tot de cop un trombonista
negre, blanc, vermell o groc
toca faula d'ametista
per arreu comença el ball,
així d'ençà més d'un segle
tot el jazz has vist dringar
sales, clubs, moltes orquestres
on els noms de llegenda no cabrien
—si cadascun dels noms esdevingués
per encanteri un llibre—
fins i tot en els prestatges
de la magna biblioteca
imaginada per Borges,

wearing its heart on its sleeve
like waving a fan,
while the madding crowd,
so many milling people,
make way for them without a murmur
make room for them as does the Earth,
having so much patience
with human life,
they'll love you now and always
all the intrepid visitors
who venture into the tiny side streets,
brushing the quarter's turmoil
brushing the Museo del Barrio,
as you too work things out
and how! in Spanish,
with the Caribbean notes
that warm like the sun
in the moonrise twilight hours
that cocoon in velvet,
all of a sudden a trombonist
black white red or yellow
tells a tale of amethyst
all around the dancing begins,
thus it's been for over a century
you've seen all that jazz ring out
halls, clubs, so many orchestras
so many legendary names
—if each name by some spell
became a book—
not even on the shelves
in the great library
imagined by Borges would they fit,

són veus que en la teva llengua
ens canten acompliments:
Armstrong, Ellington, Savoy
i l'Apollo teatre supermític,
saber escoltar la veu d'Etheridge Knight
quan parla de tu, de Harlem
veu com camina una dona
per un dels teus passadissos
i clou amb un crit l'haikú:
ets la germana de l'ànima!
quan parla del que vol dir
saber i escriure un bon blues,
—te n'han cantat a milers
per què no ens cantes el teu?
a fi que tothom el canti
que per tot el món s'escampi,
car si és bo de veritat
(són ben pocs els que això dubten)
traçarà esboç d' aquest nou món possible
que desitgem uns quants pobles
de molt bona voluntat—
fixa't bé en el que escriu:
saber i escriure un bon blues
és com ordenar els disturbis
tot extreient joiells de sepultures!
no et recorden aquests fets
allò que tots vivim ara,
un desgavell molt caòtic,
evident supremacia
de la discreta entropia,
galopant insostenibilitat
dels processos naturals

they're the voices in your language
that sing of accomplishments:
Armstrong, Ellington, the Savoy
and the supermythic Apollo theater,
know how to listen to Etheridge Knight's voice
when she speaks of you, of Harlem
see how a woman walks
down one of your alleys
and closes with a haiku cry:
"You're a soul sister!"
when she speaks of what it means
to know and write a good blues,
—they've sung thousands of them to you
why don't you sing us yours?
so that everyone may sing it
so it may spread all over the world,
for if it's truly a good blues
(those who doubt this are but few)
it will be a sketch of this brave new possible world
that a number of us people
desire with a tremendous will—
pay attention to the one who writes:
knowing and writing a good blues
is like putting disorder in order
while taking jewels from sepulchres!
they don't remind you of these acts
what we're all living now,
total chaos,
evident supremacy
of discreet entropy,
galloping unsustainability
of natural processes

a causa de la mancança
d'universals i ètics grans principis
d'una humana harmonia
d'un respecte a la natura
d'un ambient, oh, amic Harlem
que tu pots recuperar
tot sabent que és ben difícil
que algunes coses canviïn tot d'una,
sempre, però, has tingut
admiradors complaents
que volien ballar amb tu
tot el vespre, de nit, fins al matí
com t'escriu en Langston Hughes,
tu, *my sweet brown Harlem girl,*
o que parlaven de tu
tot adreçant-se als poetes
que viuen a la ciutat
com va voler fer en James Wright,
o senzills espectadors
que les coses no tenien tan clares,
aquest sentit crític et servirà,
i badant Broadway amunt,
allà on a tu et travessa
diagonal serpentina,
Adrienne Rich contemplà
la seva cara al mirall,
només veié una dona mig nascuda;
així et trobes tu ara
oh Harlem, barri immortal!
no cal que creixis de pressa
ho pots fer a poc a poc
no et mancarà saviesa

through lack of
great principles universal and ethical
of human harmony
lack of respect for nature
lack of atmosphere, oh, friend Harlem,
if you can recover
the while knowing it's tough,
unlikely some things will change suddenly,
however you've always had
complaisant admirers
who wanted to dance with you
all evening, all night, until morning,
as Langston Hughes writes for you,
you, "my sweet brown Harlem girl,"
or those who spoke of you
addressing the poets
who live in the city
as James Wright wished to,
or simple spectators
who didn't have things so clear,
this critical sense will serve you,
and gaping up Broadway,
where you're crossed by
a serpentine diagonal,
Adrienne Rich contemplated
her face in the mirror,
seeing only a half-born woman;
that's how you are right now
oh immortal Harlem!
no need to grow quickly
you can take it slowly
wisdom shall not be wanting

tothom atiarà el foc
els d'aquí com els de fora,
són veus que en diverses llengües
la quitxalla glopeja amb els seus avis,
són les veus polifòniques dels càntics
prou s'escolten a ciutat
remullen tot el país,
no te n'oblidis, però,
que estem parlant d'un somni, d'un desig
que ets tu qui els vols assolir
i saps per experiència
què li pot passar a un somni
quan es retarda més del temps previst,
com un pes feixuc s'ensorra
o ens explota a les mans!
són les mans treballadores
que esbufeguen milers d'ànimes
o centenars de milers,
algunes viuen en cases
per desgràcia unes d'altres
s'encomanen al cel ras,
la vida aquí, de vegades
agermanada rau a un infern
urbà on l'odi ens desclou l'amor,
el policia el lladre,
el sentit cívic i comunitari
no amaga el cruel proïsme;
sempre la mateixa dona
setanteja amb abric molt descosit
que ven uns ninots de llana
sempre al mateix lloc del carrer 111,
sempre el mateix homenet

everyone will fan the flames
insiders, outsiders,
voices in many languages
kids warbling with their grandparents
they're the polyphonic voices of the canticles
heard in abundance through the city
refreshing the whole country:
don't forget, however,
that we're talking about a dream, a wish
you're the one who's reaching for it
and you know from experience
what can happen to a dream
when it's delayed beyond expectation,
it caves in, a dead weight
or it blows up in our hands!
they're workingman's hands
thousands of souls puffing away,
some live in houses
unfortunately others
brave the open sky,
life here, sometimes,
can be nothing short of an urban hell
where hatred can lead us to love,
the cop to the thief,
civility and sense of community
fail to hide a cruel charity;
always the same woman
in her seventies in the threadbare coat
selling yarn dolls
always the same place on 111th,
always the same little man

uns quants carrers més amunt
precisament al *Marcus Garvey Park*
sempre amb el mateix vestit
tant si fa molt de fred com si no en fa
passa l'estona jugant
discretament i sense fer soroll
amb unes bales de vidre,
sempre la mateixa gent
sempre els mateixos gestos
sempre el mateix pensament
no sempre les promeses mantingudes,
són veus que en la teva llengua
ens inciten a lluitar
a fi que el somni esdevingui
una cosa natural
un desig ben assolible,
imaginari compartit per tots
imaginaris bastits
per homes com Luther King
per dones del tot anònimes
per gent com Sydney Poitier
per veus com Mahalia Jackson
per les mares dels infants
que juguen als jardins públics,
pels pares dels criminals
que venen drogues i maten
i ells, parlo d'aquests pares
de vegades, pobres d'ells
ni s'assebenten de res,
són veus que en la teva llengua
enraonen altres llengües,
són ritmes propers als teus

a few streets further up
Marcus Garvey Park precisely
always in the same clothes
whether it's freezing or not
whiling away the time playing
discreetly and noiselessly
with some marbles,
always the same people
always the same gestures
always the same thought
not always promises kept,
they're the voices that in your language
incite us to struggle
to make the dream
a natural thing
a readily attainable wish,
an imaginarium shared by all
imaginaria strengthened
by men like Luther King
by totally anonymous women
by folk like Sydney Poitier
by voices like Mahalia Jackson
by the mothers of the children
who play in the public gardens,
by the fathers of the criminals
who sell drugs and kill
and they, I speak of those parents
sometimes, sad cases,
they have no idea what's going on,
they're voices that in your language
are sifting other languages
they're rhythms close to yours

només canvien les aures,
tu et vesteixes amb blues, gospel i rap
mentre d'altres enalteixen cantates,
de vegades tens raó
de vegades t'equivoques,
surt el sol cada matí
quan clareja tot dret t'adorms al metro
car el treball no perdona
i no tens molt temps per perdre
al migdia un *hot-dog*,
encisats els que fan la migdiada,
al vespre pintes els rostres
amb els colors del falcó,
de nit i a les palpentes s'inauguren
els perills que primmirats embardissen,
ateses les paradoxes
que aclaparen els humans,
les arrels de la nostra salvaguarda,
salvaguarda d'uns pecats
que no són de ningú ni són pas nostres
ni tampoc són teus, oh Harlem,
són els pecats de la por
de l'engany, de la mentida,
salvaguarda d'un amor
amor tan gran com la vida,
un amor que reconeixes
quan el matí et fa moixaines,
t'acabes de despertar
i recordes el teu somni,
et sembla ben endreçat
segur que no se'n va en orris,
reciten veus fetilleres:

only the auras change,
you dress in blues, gospel and rap
while others elevate cantatas,
sometimes you're right
sometimes wrong,
the sun comes up every morning
you fall asleep on your feet as it gets light
for work will not pardon you
and you have no time to lose
at midday a hot dog,
enchanted those who get to have a siesta,
in the evening you paint your faces
with the colors of the falcon,
by night feeling one's way, the dangers
that ensnare even the cautious,
given the paradoxes
that overwhelm humans,
the roots of our salvation,
safeguard against our sins
that are nobody's, certainly not ours
nor are they yours, oh Harlem,
they're the sins of fear
of trickery, of lies,
preserving a love
love as large as life,
a love you rediscover
when the morning caresses you,
you've just awoken
and you remember your dream,
it seems well-ordered
sure it won't just fall apart,
magian voices recite:

"és en l'oblit on rauen els records"
tot just fent un gran esforç
treball, fatiga o encalç
t'oblidaràs dels malsons
voldràs somiar nous somnis
—ordenar l'imaginari—
no et fan pas por les coses d'aquest món
ni tens cos immaculat,
però cada dia més
la teva ànima s'enlaira,
però cada dia més
el teu esperit llampega,
però cada dia més
el teu barri s'il·lumina,
ja ressonen noves veus
mantes veus nien la crida,
no per dir com el poeta
amb la veu descolorida
*I feel awful* i morir
sinó com Petrolini que digué:
"estic content: moro sa!"
sí, content, em costarà
sí, content, sé qui sóc i sé el que vull
més content, molt més content
perquè tots, *brothers & sisters,*
perquè vosaltres germans
vosaltres m'ajudareu!

"It's in oblivion that memories lie"
just about making a great effort
work, fatigue or harassment
you'll forget the nightmares
you'll want to dream new dreams
—putting the imaginarium in order—
the things of this world do not frighten you at all
nor have you an immaculate body,
but more so every day
your soul soars,
but more so every day
your spirit sparkles,
but more so every day
your neighborhood lights up,
already new voices are resonate
massed voices nurse the call,
not so as to say like the poet
with desaturated voice
"I feel awful" and die
but more like Petrolini who said:
"I'm content: I die healthy!"
yes, content, it'll take some doing
yes, content, I know who I am and what I want
happier, much happier
because everyone, brothers & sisters,
as you my brothers & sisters
you will help me!

## ABOUT THE AUTHOR AND TRANSLATORS

Born in Barcelona, Spain, in 1947, **VALENTÍ GÓMEZ-OLIVER** studied at the Lycée Français, graduating in Philosophy and Humanities (*Universitat de Barcelona*). He also studied cinema and television in the *Centro Sperimentale di Cinematografia* (Experimental Center of Cinematography) with Roberto Rossellini.

Professor of Spanish Language and Literature from 1969 to 2003 at the University of Rome III and other Italian universities (Pescara and Catania). For years, Gómez-Oliver was secretary of the Associació Catalans in Rome, an association that has bridged the gaps between Catalonia, Spain, and Italy. And he is the appointed (OMRI) Cavaliere of the Italian Republic.

Gómez-Oliver has published poetry, novels, essays, articles, translations (into Spanish or Catalan), and literary criticisms. He is a collaborator of Spanish radio and TV, often speaking from Italy and about Italy. He usually writes in Catalan, and sometimes, also, in Spanish and Italian.

**KEITH AND AMANDA ADAMS** (born in England and the United States, respectively) are professional calligraphers, living in rural Catalonia. Along with teaching calligraphy at university level at many institutions throughout Catalonia and Spain, Keith and Amanda have taught over 100 intensive monographic courses in France, England, Brittany, and Flanders. They have had over 20 exhibitions as a couple; Keith has had several one-man shows; and they have participated in dozens of collective exhibitions, including Caligrafía española. Keith has written three illuminated manuscript books in Catalan. Amanda has translated Pau Casals and Andreu Claret.

www.ingramcontent.com/pod-product-compliance
Lightning Source LLC
Chambersburg PA
CBHW041626220426
43663CB00001B/22